Die Auswirkungen des Zweiten Weltkrieges auf die Institution Familie

Veränderte Familiengestaltung, Rollenverteilung und Erziehung

Von Manuela Langgässer

Studienarbeit

Westfälische Wilhelms-Universität Münster

Inhalt

1.	Einleitung	3
2.	Wandel der Familien - Demographischer Wandel nach dem 2. Weltkrieg	6
3.	Auswirkungen des 2. Weltkrieges auf die Familie	13
3.1.	Auswirkungen auf die Familiengestaltung	13
3.2.	Auswirkungen auf Kindheit und Erziehung	15
3.3.	Auswirkungen auf Geschlechterrollen und Frauenbild	27
4.	Weitergabe von Traumen der Kriegseltern auf ihre Kinder	35
4.1.	Traumen der Kriegskinder durch Ambivalenzen des Krieges	35
4.2.	Arten von transgenerationellen Traumen	39
4.3.	Transgenerationelle Weitergaben von Traumen	42
4.4.	Auswirkungen der Traumen auf die Lebensgestaltung	46
5.	Familiengestaltung der Kriegskinder	50
5.1.	Auswirkungen des Elternhauses auf die Kriegskinder	50
5.2.	Tendenz der Familiengestaltung der Kriegskindern	54
6.	Fazit	57
7.	Literaturverzeichnis	61

1. Einleitung

Nach dem zweiten Weltkrieg gab es einen Wandel innerhalb der Institution Familie. Die Geschlechterrollen haben sich geändert, die Frauen erlangten im Krieg mehr Selbstständigkeit die sie, wie es scheint, mit der Rückkehr zur traditionellen Familienkonstellation, wieder aufgaben. In den 60er und 70er Jahren kam es zur Frauenbewegung und auch in der pädagogischen Diskussion änderte sich das Bild von der Rolle des Mannes sowie von Kindheit und Erziehung. Hat der Krieg und seine Auswirkungen Einfluss auf diese Veränderungen gehabt? Sind es im Wesentlichen andere langfristige gesellschaftliche Umbrüche die den Wandel bewirkt haben? Inwiefern spielen traumatische Ereignisse, die besonders die Kriegskinder erlebt hatten, eine Rolle bei den Veränderungen?

In der folgenden Arbeit soll gezeigt werden, in welcher Weise der historische Kontext des Zweiten Weltkrieges Einfluss auf die Entwicklung der Institution Familie in der Nachkriegszeit hatte. Hierzu wird untersucht, welche Beachtung der Familie in der unmittelbaren Nachkriegszeit zugute kam und welche Hintergründe für Wandlungen in der Familie von Relevanz waren. Zentral ist die Frage, inwiefern der zweite Weltkrieg und seine Folgen für die Veränderungen innerhalb der Familie verantwortlich gemacht wurde.

Zunächst wird beschrieben, welche direkte Folgen Kriegserfahrungen für die familiäre Beziehungsführung hatten und wie die unbearbeiteten Traumen dieser Kriegserfahrungen auf die nachfolgenden Generationen übermittelt wurden. Kinder verinnerlichen unbewusste Erlebnisse und Traumen ihrer Eltern und identifizieren sich damit. Was aber haben wiederum die betroffenen Kinder und Jugendliche, die Kriegskinder, an traumatischen Erfahrungen an ihre Kinder, die dritte Generation weitergegeben? Gab es bestimmte transgenerationelle Weitergaben durch elterliche und staatliche Erziehung? Wie haben sich die Erlebnisse der Eltern in der NS-Zeit auf die Pubertät und Adoleszenz der Mädchen ausgewirkt? Gibt es Schwierigkeiten bei der Entwicklung des eigenen Körperbildes, mit der Identifikation mit dem weiblichen Geschlecht und damit auch Schwierigkeiten mit der Mutterschaft? Dies sind Aspekte, die es hinsichtlich dieser Thematik zu untersuchen gilt.

Im letzten Schritt soll dann gefragt werden, ob die Familien von Kriegskindern zu einer bestimmten Art und Weise der Familienführung neigen. Dies lässt sich anhand von verschiedenen Fragestellungen betrachten: Fällt es den Kriegskindern als Eltern schwer sich auf Veränderungen einzustellen und aus Gewohnheiten, wie dem traditionellen Geschlechterbild, auszubrechen? Wird in diesen Familien viel Wert auf Rituale, Strukturen und bekannte Lebensmodelle gelegt? Welche Erziehungsmaßstäbe haben die Kriegskinder in ihren eigenen

Familien? Weichen sie von der Erziehung der eigenen Eltern ab oder lehnen sie sich an diese an? Welches Rollenverständnis von Mann und Frau haben die Kriegskinder in ihren eigenen Familien? All das sind Faktoren, an denen sich ablesen lässt, inwiefern der zweite Weltkrieg und seine Auswirkungen Einfluss genommen hat auf die Familie als Ganzes, auf die Gestaltung der Familienbeziehungen, auf die Erziehung der Kinder und auf die Verteilung der Geschlechterrollen.

2. Der demographische Wandel nach dem Zweiten Weltkrieg

Das Ende des zweiten Weltkriegs hatte tiefgreifende Einflüsse auf sämtliche Bereiche des gesellschaftlichen Zusammenlebens, vor allem der Familie.

So kam es im Krieg zur kurzfristigen Rückkehr zu vorindustriellen Lebensformen, d. h. zum Zusammenleben in Großfamilien und zur privaten Organisation und Herstellung von lebensnotwendigen Gütern. Die Abwesenheit der Väter und der Verlust der Wohnung durch Flucht oder Evakuierung durchbrach die Tendenz zur isoliert lebenden Kleinfamilie.

Nachdem die Väter zurückgekehrt waren und der extreme Mangel nach der Währungsreform überwunden war, stellten sich die Familien dann schnell wieder als patriarchalische Kleinfamilien her. Es kam zu hohen Verheiratungsquoten, niedrigen Scheidungszahlen und Ende der 1950er Jahre und Beginn der 60er Jahre zu einem Geburtenboom.[1]

Dieser Wandel der Familien in der unmittelbaren Nachkriegszeit wurde als Normalisierung der Familienbeziehungen nach den Kriegsjahren gesehen. Die Kleinfamilie wurde idealisiert, der Familie als soziales Problem kam kaum noch Bedeutung zu. Mitte der 60er Jahre vermin-

---

[1] vgl. Preuss-Lausitz 1991, S.21, Strohmeier/ Schultz 2005

derten sich dann die Geburtenzahlen fast um die Hälfte.[2] In den Lebensläufen der Frauen zeigte sich ein ausgeprägter Aufschub der Geburten etwa seit Mitte der 60er Jahre. Insbesondere seit Mitte der 70er Jahre ist ein deutlicher Anstieg der von 30jährigen und älteren Müttern geborenen Kinder zu vermerken. Gleichzeitig gab es immer mehr Ein-Kind-Familien, kinderlose Paare und Alleinlebende.[3]

Innerhalb der Eltern-Kind-Beziehungen konkurrierten in dieser Zeit zwei verschiedene Leitbilder. Zum einen wirkte das schon überkommene Bild der stark ausgeübten elterlichen Verfügungsgewalt, zum anderen gewann die Betonung der Eigenständigkeit des kindlichen Wesens immer mehr Einfluss.[4] Ziele, wie die Entfaltung kindlicher Bedürfnisse, Emanzipation und Kritikfähigkeit wurden in der Studentenbewegung formuliert und breiteten sich schnell in nahezu der gesamten pädagogischen Diskussion und Reformplanung aus. Sie wurden popularisiert und veränderten den Umgang der Erwachsenen mit Kindern und Jugendlichen zumindest dadurch, dass die Erwachsenen in ihren hergebrachten Vorstellungen verunsichert wurden.[5]

Erler stellt dazu fest: „Früher für Jugendliche typische Verhaltensweisen verlagern sich in die Kindheitsphase

---

[2] vgl. Strohmeier/ Schultz 2005, S.22
[3] vgl. Erler 1996, S.118
[4] vgl. Wurzbacher 1958, Nave-Herz 2002
[5] vgl. Preuss-Lausitz 1991, S.22

vor; die Maßstäbe für Normalität und abweichendes Verhalten haben sich geändert, vieles, was vor 25 Jahren undenkbar schien als abweichend definiert wurde, ist heute normal bzw. wünschenswert"[6]. Er spricht damit vorwiegend Verhaltensmerkmale in der Autonomie und Sexualität an. Kindliche Subjektivität, Persönlichkeit und Eigenständigkeit wurden immer häufiger von den Eltern nicht nur anerkannt, sondern auch gewünscht.[7] Dieses zweite Leitbild wurde bei vielen Eltern bewusst als Opposition gegen das veraltete Ideal ihrer Eltern gewählt, da die Anschauungen und Lebensformen der Eltern „ die ihnen aufgeprägt wurden, sich gegenüber ihrer gewandelten sozialen Wirklichkeit nicht bewährten, im Gegenteil Konflikte schufen"[8].

Die damaligen Familienforscher kamen zu dem Ergebnis, dass die patriarchalische Familienstruktur sich aufzulösen begann und ein „Übergang von der Elternbestimmtheit der Kinder zur Kindbezogenheit der Eltern"[9] stattfand. Das einheitliche Vaterbild und damit das Bild des Mannes und des Patriarchats veränderten sich, was zur Aufweichung der geschlechtsspezifischen Arbeitsteilung führte.[10] Ein weiteres Indiz, dass das traditionelle Unterordnungsverhältnis beendet war, war die Einstellung der Eltern zu körperlicher Bestrafung. In einer Un-

---

[6] Erler 1996, S.119
[7] vgl. Erler 1996, S.118f
[8] Wurzbacher 1958, S.214
[9] Wurzbacher 1961, S.84f
[10] vgl. Lenzen 1991, Bien 1996

tersuchung von Baumert gaben 55% der Befragten an, dass sie körperliche Bestrafung ganz allgemein oder wenigstens in Ausnahmefällen für richtig hielten.[11] Nach einer Studie von Wurzbacher fällt auf, dass die Erziehung zur Folgsamkeit in den Hintergrund trat.[12] Diese familiensoziologischen Forschungen aus den 50er Jahren weisen darauf hin, dass einschneidende Veränderungen gar nicht stattgefunden haben, sondern dass die damals einsetzenden, liberalen Erziehungsmethoden sich nur kontinuierlich weiterentwickelt und mehr Akzeptanz in allen Bevölkerungskreisen gefunden haben.

Gegen Mitte der 60er Jahre fanden Kinder und Jugendliche auch in der Ökonomie auf neue Weise Beachtung. Als Adressat eines neuen Marktes für jugendspezifische Massenwaren entstanden für sie eigene `Kulturen´, wie eigene Musikstile, Fernsehserien oder Comicliteratur.[13]

In den späten 70er und 80er Jahren waren die Persönlichkeitsformierung des Kindes und die Familialisierung des Vaters die beiden großen Themen der familiensoziologischen und sozialisationstheoretischen Forschung. In diesen Jahren, als das Wirtschaftswunder vorüber und der Arbeitsmarkt bereits in eine Krise geraten war, richteten sich die elterlichen Bemühungen zunehmend darauf, das Kind in den Stand zu setzen, sich im allgemeinen Wettbewerb um Studien- und Ausbil-

---

[11] vgl. Baumert 1954
[12] vgl. Wurzbacher 1958
[13] vgl. Preuss-Lausitz, 1991, 21f

dungsplätze zu behaupten.[14] Die sozialen Aufstiegsmöglichkeiten der modernen Gesellschaft gaben besonderen Anreiz für elterliche Verfügungsgewalt und Bildungswünsche. Aufstiegshoffnungen und Prestigeansprüche sollten jetzt vom Kind erfüllt werden. Nach Wurzbacher war man „bereit, alles für das Kind, für seine Ausbildung, seine materielle Ausstattung zu tun, damit es so werde, wie es der elterliche Ehrgeiz sieht und haben will, nicht, wie es seinem Wesen gemäß ist"[15].

Die zeitliche und emotionale Konzentration beider Elternteile auf das Kind hatte eine Veränderung der Beziehungsgewichtung innerhalb der Familie zur Folge: Die Paar-Beziehung verlor ihren Eigenwert gegenüber der Eltern-Kind-Beziehung.

Nachdem das Kind in der Nachkriegszeit als `Hoffnungsträger` galt und in den 70er und 80er Jahren als `Sinnstifter`, wird ihm in den 90er Jahren mehr Autonomie und Selbstbestimmtheit zugeschrieben. Es wird als ´Akteur in eigener Sache` konzeptualisiert.[16]

Wie sind nun all diese Phänomene einzuordnen und zu bewerten? Die Debatte darum verlief durchaus Kontrovers.

---

[14] vgl. Nave-Herz 2002, S.76f
[15] Wurzbacher 1958, S.215
[16] vgl. Nave-Herz 2002, S.76f

Der demographische Wandel wurde durch die langfristigen sozialen Veränderungen in der Gesellschaft erklärt. So galten die politische Gleichberechtigung der Frau, die Bildungsexpansion, die allgemeine Steigerung des Wohlstandsniveaus, die zunehmende Liberalisierung der Lebensführung, die Akzeptanz nichtfamilialer Lebensformen, die Einführung von effektiven Antibabypillen und die Geburtenkontrolle für die Familienforscher als verantwortlich für die Veränderungen.[17] Castell-Rüdenhausen sah zudem die verlängerte Lebensdauer, die Ausdehnung der Witwenzeit, eine Vorverschiebung der Menarche bei gleichzeitiger Verzögerung der Menopause, eine längere und stärkere Bindung an das Elternhaus sowie die Angleichung der Bildungschancen von Mädchen und Jungen und die besseren Aufstiegschancen in der Frauenerwerbstätigkeit als Grund für die Veränderungen.[18]

Auch Edelstein/Kreppner/Sturzbecher sehen als Ursache für den Wandel der Familie und Kindheit langfristige Prozesse. Sie nennen außerdem noch Industrialisierung, Verlängerung der Lebensspanne, Tertialisierung der Berufsstruktur, Frauenbewegung, sexuelle Revolution, Verringerung der täglichen und jährlichen Arbeitszeiten, Verdichtung des Netzes sozialer Sicherheit, Folgen der Verschiebung auf den Weltmärkten und die hohe struk-

---

[17] vgl. Strohmeier/Schultz 2005
[18] vgl. Castell-Rüdenhausen 1989

turelle Arbeitslosigkeit als charakteristisch für die Veränderungen.[19]

Nach Fischer-Kowalski produzierte aber eher der Zweite Weltkrieg diese Wende innerhalb der Institution Familie. Sie unterscheidet sich damit von den meisten Soziologen, „die üblicherweise Kriege aus ihrer Theoriebildung überhaupt ausblenden. Meiner Meinung nach erzeugte der Zweite Weltkrieg eine endgültige Krise des `bürgerlichen Subjektes'"[20].

---

[19] vgl. Edelstein/Kreppner/Sturzbecher 1996
[20] Fischer-Kowalski 1991, S.53

3. Die Auswirkungen des Zweiten Welt- krieges auf die Familie

3.1. Auswirkungen auf die Familiengestaltung

Im Zentrum der Familiensoziologischen Untersuchungen der Nachkriegszeit stand für Nave-Herz die Frage, ob und inwiefern die Kriegs- und Nachkriegsereignisse den Familienzusammenhalt gefährdeten.[21]

Schelsky behauptete, dass trotz der extremen Bedrohung der Familienstabilität durch Vertreibung, Deklassierung und jahrelanger Abwesenheit der Männer die Familie nicht nur nicht zerbrach, sondern mit einer Verstärkung des Zusammenhalts reagierte. Aufgrund des materiellen Notstands stiegen die Anforderungen an die Familie als Solidargemeinschaft. Die Leistungsbereitschaft und Opferwilligkeit jedes Familienmitglieds traten in den Vordergrund, wobei die gefühlsbetonten Elemente des Familienhintergrunds unwichtig wurden. Im Vergleich zur Vorkriegszeit fand eine „Entinnerlichung" der Familie statt.[22] Im Gegensatz zu Schelsky vertreten damalige und auch heutige Autoren die Auffassung, dass „Erschütterungen aller Grade das gegenwärtige Familienleben in allen Schichten mehr oder weniger gefährden"[23]. Die einen stützen sich auf hohe Scheidungszahlen und die Auflösung der Auto-

---

[21] vgl. Nave-Herz 2002
[22] vgl. Schelsky 1953
[23] Thurnwald 1948, S.211, vgl. von Plato/ Leh 1997

ritätsverhältnisse in den Familien; Schelsky konzentrierte sich eher auf Familien, die angesichts katastrophaler Lebensbedingungen ein erhöhtes und wiedergewonnenes Zusammengehörigkeitsgefühl gewannen.

Nach Wurzbacher führten die Belastungen der Kriegs- und Nachkriegszeit zu Dauerveränderungen der Familie. Er stützt sich dabei auf eine Untersuchung aus den Jahren 1949 bis 1951 als bereits politisch, wirtschaftlich und sozial Restabilisierungen gegenüber Kriegs- und Nachkriegswirren eingetreten waren. Es wurde „ein generell wachsendes Distanzbedürfnis der Familie gegenüber der Gesellschaft in der betonten Rückzugstendenz von Heimatvertriebenen, Evakuierten und Entnazifizierten auffällig sichtbar und in seinen sozialen Wirkungen zuverlässiger deutbar"[24].

Als weiterer Hinweis für die Veränderungen war der auffällige Rückgang autoritärer Verhaltensmuster auf Seiten des Mannes gegenüber der Frau wie der Rückgang der autoritären Erziehung der Kinder. Gleichzeitig kam es zu einer intensiveren Betonung der Partnerschaft, einer offeneren Entfaltung der einzelnen Personen innerhalb der Familie und einer stärkeren Betonung des individuellen Interesses. Der Anstieg der zerrütteten und geschiedenen Ehen zeigte, in „welchem Ausmaß viele Partner durch die gewachsene Chance der Freiheit überfordert werden, da dem Rückgang an per-

---

[24] Wurzbacher 1958, S.8

sonneutralen Stabilitätsfaktoren bei ihnen kein Wachstum an personbedingten Bindungskräften entspricht"[25].

Nach Nyssen sind die Auswirkungen des zweiten Weltkriegs unter anderem nicht nur als zeitlich begrenzte Erschütterungen der Stabilität und Struktur von Familie, sondern als längerfristiger Wandel zu werten.[26]

3.2. Auswirkungen auf Kindheit und Erziehung

Die spezifische Sozialisation der Kinder, die entweder die Kriegs- und unmittelbare Nachkriegszeit, die Zeit des Wirtschaftswunders oder die Zeit der Studentenbewegung und der autoritären Erziehungs-Debatte erlebten, führte zu jeweils ganz unterschiedlichen Einstellungen gegenüber späteren Entwicklungen. Die Kindheit der Generation der 1939 bis etwa 1945 Geborenen war durch die gemeinsamen Kriegserfahrungen geprägt, die alle Lebensbereiche berührten. Nach Preuss-Lausitz gibt es in unserer Epoche nur diese eine Generation, deren Kindheit so konstituiert ist und die sich deshalb sehr genau von den älteren und jüngeren Generationen abgrenzen lässt.[27]

---

[25] vgl. Wurzbacher 1958
[26] vgl. Nyssen u.a. 1986, S.134f
[27] vgl. Preuss-Lausitz 1991, S.13

Die typische Kindheit der im Krieg geborenen Generation war durch Evakuierung, Ausbombung und Flucht geprägt. Die meisten Kriegskinder verbrachten die ersten Lebensjahre mit der Mutter und den Geschwister da die Väter bis auf wenige Ausnahmen im Krieg und später noch Jahre in der Gefangenschaft waren. Auch die vom Kriegsdienst freigesprochenen Väter lebten meist nicht bei ihren Familien, die auf dem Land untergebracht waren. Aus Hilde Thurnwalds[28] Untersuchung der „Gegenwartsprobleme Berliner Familien" geht hervor, dass die meisten Mütter, selbst wenn die Väter wieder in den Familien lebten, weitgehend allein für die Versorgung der Kinder zuständig waren und den Mittelpunkt der Familie darstellten.[29]

Gezeichnet war die Kindheit auch durch ein gewisses Maß an sozialer Desorganisation, die bis in die Nachkriegszeit hineindauerte. Die Kinder waren oft auf sich allein gestellt, sie mussten auf sich selbst aufpassen, bei halblegitimen Aktivitäten oder Schwarzmarkthandel mitwirken und im Haushalt helfen, dabei wurden gesellschaftliche Prozesse der Entwicklung von Kindheit und Jugend teils vorübergehende aufgeschoben, teils beschleunigt.[30] Diese Situation betraf Kinder und Jugendliche aller sozialer Schichten und hob viele der Ungleichheiten zwischen bürgerlichen Kindern, Arbeiterkindern und Kindern auf dem Lande vorübergehend

---

[28] Thurnwald 1948
[29] vgl. auch Baumert 1954
[30] vgl. Preuss-Lausitz 1991, S.61

fast auf. Die größere Freiheit, die die Kinder durch die Desorganisation gewannen, verdankten sie dabei aber nicht einer Lockerung der konventionellen erzieherischen Denkweisen, sondern nur der Tatsache, dass die Eltern wenig Zeit für sie hatten.[31]

Drexler bezeichnet dieses Phänomen des Krieges und der unmittelbaren Nachkriegsjahren, als `Kontroll-Loch´, das bis in die fünfziger Jahre Freiräume für die um 1940 Geborenen schuf. Darunter versteht Drexler die Summe der durch das Kontroll-Loch selbst entstandenen freiwüchsigen Aufwachsbedingungen. Die Abwesenheit der Väter; die zunehmende Belastung der Mütter; der Zwang, wegen beengter Wohnverhältnisse draußen zu spielen und alltägliche Arbeiten mit zu übernehmen; das Fehlen von Aufsicht wegen existentieller Sorgen der Erwachsenen führte zu eigenständigen Aneignungsweisen. Viele Kinder waren weitgehend auf sich selbst angewiesen und mussten vieles selber machen. Dieses „Selbermachen – die eigentätige Aneignungsweise von Umwelt"[32] führt nach Drexler „zu einer spezifischen Verinnerlichung äußerer praktischer Tätigkeit, nämlich zu einer besonders ausgeprägten Selbstständigkeit und zu aktiven Widerstandsformen"[33].

---

[31] vgl. ebd., S.21
[32] Drexler 1984, S.41
[33] ebd.

Im Kontrast dazu steht die Zeit der zurückkehrenden Väter. Diese versuchten sich von ihren körperlichen und seelischen Kriegsverletzungen zu erholen und ihre Autorität gegenüber Frau und Kindern wieder zu errichten.

Die Rückkehr des Vaters hat die Problemlage der Familien oftmals noch verschärft. Die Erforschung ergab, dass sich viele Familien durch die Rückkehr mehr festigten, bei anderen Familien aber der innere Zusammenhalt durch die Rückkehr bedroht wurde und manche Familien es gar nicht mehr schafften Gemeinsamkeiten herzustellen und somit zerbrachen.[34]

Für die Kinder war der Vater zunächst ein Fremder, an den sie sich zwangsweise gewöhnen mussten. Diese Konstellation stellte für die ganze Familie eine Belastung da und hat sich mit Sicherheit auch auf den Sozialisationsprozess der Kinder ausgewirkt. Die Kinder reagierten „auf ihre (heimkehrenden) Väter intuitiv und folgerichtig mit Scheu bis hin zur Ablehnung des meist völlig fremden Mannes"[35].

Die Beziehungsnetze zwischen Müttern und Kindern waren dagegen stark eingespielt. Für die Mütter bedeutete die Vermittlung zwischen Vätern und Kindern zusätzliche Arbeit. Die Männer mischten sich mit väter-

---

[34] vgl. Preuss- Lausitz 1991
[35] Mayer/Schulze 1986, S.190

licher Strenge in die Erziehung der Kinder ein, da sie die Erziehung der Mütter für zu liberal hielten.[36]

So wurde die Erziehung der Kinder dann wieder energischer verfolgt. Die alten Formen sozialer Kontrolle wurden wieder fester und einschränkender. Die Kinder und Jugendlichen mussten sich – in allen sozialen Schichten – in die tradierte Rolle des behüteten, nicht an der Sicherung des Lebensunterhaltes beteiligten bürgerlich-kleinbürgerlichen Kindes fügen, das sich den Normen und Lebensweisen der Kleinfamilie anzupassen hatte. In den meisten Fällen hatten tradierte Erziehungsformen und Erziehungsstile auch in den ersten Nachkriegsjahren weiter gegolten, waren aber oft nicht durchzusetzen gewesen und lebten eher unreflektiert fort.[37] Jetzt durften die Kinder abends nicht mehr so lange ausbleiben, mussten wieder den Anforderungen der Schule genügen, den Sonntag wieder mit der Familie verbringen und die Beziehungen zum anderen Geschlecht abbrechen.

Diese politische und familiale Rekonstruktion der Autoritätsverhältnisse traf die Kinder aus der 1940er Kohorte zwischen Schuleintritt und Pubertät. Die Autoritätsverhältnisse passten zwar gut zu den früheren Erziehungsnormen, standen aber in scharfen Kontrast zu vorherigen Erfahrungen von Freiheit und Gegenmacht.[38]

---

[36] vgl. ebd., S.190
[37] vgl. Preuss-Lausitz 1991, S.21
[38] vgl. Fischer-Kowalski 1991, S.61

Der plötzliche Umschwung stellt für Preuss-Lausitz „möglicherweise eine Einflussgröße für das spätere Verhalten der Jugendlichen da[...]"[39]. Nach Drexler traf die „Restauration alter Normen und Werte [...] die um 1940 Geborenen als relativ selbständige und selbstbewusste Jugendliche und ließ sie zu einer gegenüber Autorität besonders sensiblen Generation werden, die auf vielerlei Weise und zum Teil spektakulär aufbegehrte"[40]

Die Auseinandersetzung mit der zunehmenden gesellschaftlichen Autorität fand vor allem in den Familien statt. Frühe Berufstätigkeit und die dadurch mögliche Unabhängigkeit waren Antworten auf die Repressionen. Eine Loslösung von Zuhause war weitgehend nur über einen guten Verdienst bzw. durch Heirat möglich. Erst wer beide Statussymbole vorweisen konnte, wurde als Erwachsener akzeptiert, hatte legitimen Zugang zur Sexualität und Chancen auf dem knappen Wohnungsmarkt. Von daher erklären sich das höhere Sparverhalten der Jugendlichen, Umfang der Aussteuer der Mädchen und das frühe Heiratsalter in den sechziger Jahren.[41]

Die Erinnerung an eine freizügige Kindheit in einem normativ wenig freizügigen Klima wirkte sich nach Schütze möglicherweise auf die politische Orientierung im späteren Leben aus. Gerade die Angehörigen der

---

[39] Schütze/Geulen 1991, S.37
[40] Drexler 1984, S.39
[41] vgl. ebd.

Jahrgänge 39-43 randalierten in den 50 Jahren, zerstörten Kinos und führten in den 60er Jahren die Studentenrevolte an.[42]

Es könnte sein, dass diese Protesthaltung in der Diskrepanz zwischen relativ freizügiger Kindheit und normenkontrollierter Jugend wurzelt. Die Kinder, die in ihren jungen Jahren bereits Erwachsenen-Arbeiten verrichteten und ihren Müttern eine wirkliche Hilfe waren, waren vielleicht später nicht mehr gewillt, den Status des Jugendlichen zu übernehmen, denen keine ernsthafte Verantwortung übertragen wurde. Zudem wirkte sich die Erinnerung womöglich auch auf das Erziehungsverhalten bei den eigenen Kindern aus. Yvonne Schütze nimmt an, „dass die im engeren Sinne politischen Deutungsmuster der Studentenbewegung sich weniger nachhaltig auf die Angehörigen dieser Generation auswirkten als zum Beispiel die Propagierung neuer antiautoritärer Erziehungskonzepte"[43].

Es ist nämlich grade diese Generation, die sich Anfang der 70er Jahre mit der antiautoritären Erziehung auseinander setzte. Gerade diese Elterngeneration entschied sich relativ durchgängig für eine andere Haltung gegenüber ihren Kindern, als die, die sie selbst in der eigenen Kindheit erfahren hatte. Auch die Eltern, die nicht an der Studentenbewegung teilgenommen hatten und

---

[42] vgl. Schütze/Geulen 1991, S.38f
[43] Schütze/Geulen 1991, S.38f

den Protestformen eher kritisch gegenüberstanden sperrten sich nicht gegen die neuen Erziehungsstile.[44]

Zudem wurde die 40er Generation in den 60er Jahren als ganz normale, unauffällige Generation bezeichnet, auf der die Hoffnungen der Älteren und der Besatzungsmächte ruhten. Sie galt auch als weitgehend in die Erwachsenenwelt integriert und den Ansprüchen an einen modernen Industriestaat gewachsen.[45]

> *„Ebenso fehlen Fixierungen an starke weltanschauliche Bindungen wie Religion, Vaterland, Europa. Wohin wir blicken: Pluralismus, Vielfalt, Offenheit, partielles Engagement, Weltneugier, Vorurteilslosigkeit – Unbefangenheit allem Neuen gegenüber. Damit verbinden sich Experimentierfreudigkeit, Umgänglichkeit mit anderen, Freude am Leben in allen seinen Rollenangeboten. Aktive Tugenden wie Vielseitigkeit, ohne dass man sich verzettelt. Die Fähigkeit, Schwerpunkte zu bilden, eine Mehrzahl gleichzeitiger Bewusstseinsweisen kommen hinzu. Daraus entspringt die Fähigkeit, den Ansturm der modernen Erscheinungen zu bewältigen. Stete Kritikbereitschaft und eine Selbstsicherheit, die nicht bereit ist, sich überfahren zu lassen, dominieren. Die Haltung ist – Gelassenheit."[46]*

---

[44] vgl. ebd., S.39
[45] vgl. Drexler 1984, S.47f
[46] Blücher 1966, S.14

Nach Drexler sind diese Haltungen und Fähigkeiten das Resultat des Kontroll-Loches und weiterer recht günstiger Aufwachsbedingungen.

Dagegen stand die 30er Generation dem neuen Staat ambivalent gegenüber. Sie zeigte kein politisches Interesse und kein politisches und soziales Verantwortungsgefühl sondern zog sich in die persönliche Isolation zurück. Drexler sieht den Grund dafür in den harten persönlichen und beruflichen Belastungen, der diese Generation ausgesetzt war. Außerdem wurde sie immer wieder in ihrer persönlichen Entwicklung eingeengt anstatt gefördert, ohne dass sie an der „Kollektivschuld des Dritten Reiches" beteiligt gewesen wäre.[47]

> „Aber was sich auch ereignen mag, diese Generation wird nie revolutionär, in flammender kollektiver Leidenschaft auf die Dinge reagieren...Man wird sich auf keine Abenteuer einlassen, sondern immer auf die Karte der Sicherheit setzen, des minimalen Risikos, damit das mühselig und glücklich wieder Erreichte, der Wohlstand und das gute Gewissen, die gebilligte Demokratie und die privaten Zurückgezogenheit, nicht wieder aufs Spiel gesetzt wird."[48]

Im Gegensatz zur 30er und 40er Generation gab es bei der 60er Generation nicht mehr die kriegsbedingten Varianten der unvollständigen oder auch erweiterten

---

[47] Drexler 1984, S.46
[48] Schelsky 1963, S.381f

Familien. Hier wurden die Ehen der Eltern erst nach dem Krieg geschlossen. Die Familien entsprachen in Struktur und Vorstellungen weitgehend wieder dem traditionellen Bild der bürgerlichen Familie.[49]

Die Erziehung der 60er Generation ist nicht eindeutig zu klassifizieren. Einige Eltern erzogen ihre Kinder sehr streng, andere hatten einen betont nachgiebigen Erziehungsstil. Es zeichnet sich allerdings die Tendenz ab, dass im Vergleich zu früheren Zeiten die Erziehung in dieser Generation bereits liberaler war. Es finden sich aber durchaus Relikte traditionell-autoritärer Kindererziehung. Körperliche Züchtigung, zumindest leichte, scheint in dieser Generation noch relativ häufig vorzukommen. Solches Verhalten wird heute von den Kindern nicht unbedingt als intentionale Erziehung, sondern eher als Unbeherrschtheit und menschliche Schwäche ihrer Eltern wahrgenommen.[50]

Die Auseinandersetzung mit dem neuen Erziehungsstil war einerseits gespeist aus der Verinnerlichung normativer Standards, die die Eltern gesetzt hatten und aus der Erinnerung an die eigene Jugend andererseits, die eben auch frei war von elterlichen Kontrollen.

---

[49] vgl. Geulen 1991, S.44
[50] vgl. Preuss-Lausitz 1991, S.45

<u>Dazu eine Mutter aus der 40er Generation:</u>

„Also zu Anfang dachte ich noch, sie ist 62 geboren worden, ich mach´ das so wie meine, obwohl ich meiner Mutter immer unheimlich böse war, dass ich soviel geschlagen wurde, aber dann so anhand der ersten Berufserfolge dachte ich, ach ja, das ist ja doch was ganz Vernünftiges bei rausgekommen. Und da dachte ich zu Anfang och, jetzt mach´ ich das genauso wieder, ne. Und da war auch noch gar keine Diskussion, dass man Kinder nicht prügeln sollte, sondern als Strafe war Prügel also 62 noch durchaus angebracht. Ich wollte sie nicht so vertrimmen, wie ich vertrimmt wurde, aber doch was ordentlich auf den Hintern, wenn sie was falsch gemacht hat, schon. Und da bin ich leider Gottes immer wieder völlig durcheinander gekommen. Weil dann so langsam die antiautoritäre Erziehung aufkam und dann wieder was anderes. Also ich bin immer wieder völlig durcheinander gekommen. Also irgendwie wehr inkonsequent. Also erst dachte ich noch, mich müsste es so machen wie meine Mutter, dann dachte ich, nee, das musste ganz anders geschehen. Und dann konnte ich das gleichzeitig, weil ich dann alleine war mit meiner Tochter, nicht durchziehen. So antiautoritär ging das dann einfach nicht. Zeitlich und nervlich hat man einfach nicht die Geduld gehabt und da bin ich immer wieder völlig durcheinander geraten, sehr inkonsequent. Und so sonst mit Schlagen habe ich eigentlich schnell aufgehört, weil ich auch merkte, das bringt nichts, das hat die Sache immer bloß noch verschlimmert, wenn ich sie geschlagen habe. Da ist noch mehr passiert, sie fängt dann an, ins Bett zu machen. Und dann mit 4, 5 oder so, da habe ich

überhaupt keine Nerven gehabt, da habe ich sie ziemlich oft vertrimmt erst mal. Da habe ich gemerkt, das sie dadurch erst recht ins Bett gemacht hat. Und da habe ich langsam gemerkt, das bringt nichts. Und sonst so, das ist eigentlich immer noch der erste Gedanke, leider Gottes muss ich mal ganz ehrlich sein, dass ich manchmal denke, Menschenskind, der geht's so gut im Vergleich zu uns und sie kriegt soviel, sie hat eigentlich letzten Endes viel mehr Wünsche erfüllt bekommen, als vielleicht auch manche anderen. Weil ich auch dieses ewig schlechte Gewissen hatte, weil sie ohne Vater aufgewachsen ist, ne. Wenn ich also nervös und gereizt war, dass ich als erstes gesagt habe, wenn sie „Mutti ich will das und das haben", „nein" habe ich erst mal gesagt. Und dann habe ich erst mal überlegt, Moment mal, warum eigentlich immer gleich „nein". Die erste Reaktion war so, warum soll's ihr besser gehen, oder so ungefähr. Ja, das habe ich aber erst sehr viel später, habe ich das selber erkannt. Also das habe ich zu Anfang nicht so gemerkt. Und dann habe ich gedacht, ach nee, das arme Kind ist sowieso schon so alleine, langweilt sich zu Tode – fand ich im Vergleich zu meiner Jugend, fand ich, geht's ihr ja nun wirklich nicht so gut – und dann habe ich doch immer wieder nachgegebne. Zuerst mal „nein" gesagt und dann doch wieder „ja" gesagt. Also ich habe mich wahnsinnig über mich selbst immer geärgert. Irgendwie steckt das noch so tief drin, also bißchen mehr sparsamer zu sein, bißchen sich mehr zu beherrschen und mehr Pflichterfüllung und was alles. Das steckt unheimlich drin noch. Und erst, wenn ich Moment darüber nachgedacht habe, hab ich gesagt, in vielen Beziehungen ist das alles Quatsch, Blödsinn. Warum *mach ich denn das noch genauso, ne. Und da habe ich also viel versaut.*"[51]

Überblickt man den typischen Sozialisationsverlauf der um 1960 Geborenen als Ganzes, so zeigt sich ein relativ stabiler Familienkontext, der bürgerlich, aber nicht autoritär-überwältigend ist. Für Preuss-Lausitz ist die Entwicklung dieser Kinder trotz der geringeren Frei- und Spielräume ohne größere Traumata und Brüche verlaufen.[52] Nach Geulen hatte die Wendung zum bürgerlichen Familienleben für die Elterngeneration, deren Kindheit und Jugend durch die Kriegswirren bestimmt gewesen ist, eine im psychologischen Sinne restaurative Funktion.[53]

3.3. Auswirkungen auf Geschlechterrollen und Frauenbild

Die Beziehung zwischen Männer und Frauen hatte sich im Zuge des Krieges geändert. Die Frauen mussten selbstständig sein und aus damaliger Sicht `Männeraufgaben´ übernehmen, um das Überleben der Familie zu sichern. Sie wuchsen mit ihren Aufgaben und wurden zur zentralen Bezugsperson in den Familien. Durch Flucht und Vertreibung mussten die Frauen immer

---

[51] Pfeil zit.nach Schütze/Geulen 1991, S. 39f
[52] vgl. Preuss-Lausitz 1991, S.52
[53] vgl. Schütze/Geulen 1991, S.44

wieder einen neuen Haushalt aufbauen, den Alltag neu organisieren, mit Ämtern und Behörden verhandeln, neue Kontakte knüpfen und vielfach auch erwerbstätig werden. Die sich kontinuierlich verschlechternden Lebensbedingungen bedeuteten eine radikale Lebensumstellung, welche heute von vielen als Zwang zur Selbständigkeit interpretiert wird.[54]

Aber die Selbstständigkeit und Entscheidungskompetenz der Frauen war für die heimkehrenden Soldaten, die durch die Niederlage und ausgeübte wie erlittene Taten in ihrer Identität verletzt waren, ein zusätzlicher Schlag. Zum einen wurde ihnen vor Augen geführt, wie sehr sie in ihrer traditionellen Rolle des `Ernährer und Beschützers´ gescheitert waren. Zum anderen erfuhren sie, wie diese Rolle in Anbetracht der Selbstständigkeit der Frau überflüssig geworden war. Oftmals fühlten sie sich überflüssig, da es ihnen auf Grund ihrer Kriegsverletzungen nicht mehr gelang, ihre alte Rolle zu erfüllen.[55]

Die Orientierungslosigkeit der heimkehrenden Männer konfrontiert mit der relativen Orientierungsstringenz der Frauen, die sich aus der kontinuierlichen Alltagsbewältigung ergab, war ein weiterer Faktor der ehelichen Auseinandersetzungen. Die Konflikte hinsichtlich der Machtbalance in der Familie betrafen zwar in erster Linie die Ehepartner, erstreckten sich aber auch auf Kinder und Verwandte. Zudem war die Möglichkeit der

---

[54] vgl. Frese 2007, S.17
[55] vgl. Lorenz 2003, S.255ff, Domansky/de Jong 2000, S.209ff

Verständigung für die Ehepaare während der gesamten Trennung durch Krieg und Gefangenschaft nur beschränkt möglich, was die Entfremdung durch unterschiedliche Lebensumstände, Erfahrungen und Lernprozesse noch verstärkte. Der Neuanfang mit dem Ehepartner war geprägt von nicht erfüllbaren gegenseitigen Erwartungen und stand unter den extremen Bedingungen des Hungers, der Kälte, Wohnungsenge, Arbeitslosigkeit und Entnazifizierung. Die Spannungen und Konflikte konnten und wollten von vielen Ehepaaren Ende der 40er Jahre nicht verkraftet werden, was bei einigen zur Scheidung führte. Für die Paare die zusammen blieben bedeutete das über Jahre hinweg intensive Beziehungsarbeit. Viele Kompromisse mussten eingegangen werden, wobei überwiegend Frauen wegen des familialen Zusammenhalts zurücksteckten. Sie wollten die Familie als vollständige Familie für ihre Kinder erhalten.[56]

In den 50er Jahren kam zur Neuetablierung des traditionellen Frauen- und Mädchenbildes obwohl die Nachkriegszeit eine relative Stärkung der Frau hervorrief. Die Mütter, die sich und ihre Kinder selbstständig im Krieg „durchgebracht" hatten, beschränkten sich wieder auf ihre Hausfrauentätigkeiten.[57] Nyssen u.a. stellten sich die Frage, warum Frauen so wenig Widerstand gegen die erneute Etablierung des alten Frauenbildes leisteten.

---

[56] vgl. Meyer/Schulze 1986, S.187ff
[57] vgl. Preuss-Lausitz 1991, S.21

Sie bemerkten, dass die These der relativen Macht der Frauen nach 1945 umstritten ist und mögliche Widerstände von Frauen aus den 50er Jahren bisher nicht erforscht sind. Sie untersuchten daraufhin inwiefern es nur die traditionelle Frau gab, die auf Heim und Herd verwiesen wurde und die patriarchalische Ehe stärkte, oder ob doch unbewusst ein Widerstand gegen dieses Leitbild der Geschlechtszuschreibung geleistet wurde. Dieses bürgerliche Frauenbild wurde von Kirche, Politik, Familiensoziologie, Sexualkunde, Medien u.a. verstärkt etabliert. Jeder Widerstand rief damit das schlechte Gewissen hervor, nicht dem herrschenden Frauenbild zu entsprechen. Zudem kam die rechtliche Absicherung der Vorrangstellung des Mannes durch die Ehe- und Familienrechtsreform. [58]

Damit erhielt der Mann das alleinige Entscheidungsrecht in allen die Kinder betreffenden Angelegenheiten, er konnte der Ehefrau die Erwerbstätigkeit versagen, wenn dies ihren hausfraulichen Pflichten schadete, gleichzeitig musste sie erwerbstätig werden, wenn das Einkommen des Ehemannes nicht reichte. Die Berufstätigkeit der Frau verschärfte die Doppelbelastung, da es kaum staatliche Entlastungseinrichtungen gab und die innerfamiliale Arbeit allein auf den Schultern der Frau lag. Hinzu kam, dass die Ausbildung der Mädchen generell katastrophal war. Das mit Hilfe christlicher Familienverfassung propagierte bürgerliche Frauenbild

---

[58] vgl. Nyssen u.a. 1986, S.134ff

bedeutete eine Einschränkung der Ausbildungs- und Berufsmöglichkeiten für Frauen. Und auch trotz Abitur fiel die Entscheidung Studium oder Heirat im Sinne der gesellschaftlich erhobenen Normen aus.

Nach Nyssen u.a. zeigte sich der Widerstand der Frauen darin, dass frühe Bindungen mit Männern abgelehnt wurden und Arbeit bei geschlechtsspezifischer Ausbeutung gekündigt wurde.[59]

In einer Studie von Sibylle Meyer und Eva Schulze wurde der Wandel und die Kontinuitäten der Familienstrukturen in den 40er und 50er Jahren sowie die daraus ableitbaren Auswirkungen auf das Geschlechterverhältnis insgesamt untersucht.[60]

Hier stellte sich auch die Frage, ob in der Nachkriegszeit tatsächlich ein Machtzuwachs der Frauen in der Familie stattfand und ob die Veränderung der Geschlechterverhältnisse lediglich eine zusätzliche Belastung der Frauen bedeutete und diese Entwicklung sogar langfristig die patriarchalisch-autoritäre Struktur der Familie festigte. Die Abwesenheit des Mannes veränderte zwar die Zusammensetzung der Familie und damit auch die täglich anfallenden Arbeiten und die innerfamilialen

---

[59] vgl. ebd., S.145

[60] vgl. Meyer/Schulze 1986, S.184ff; Ihre Studie basierte auf 25 biographischen Interviews von Ehefrauen und Ehemännern. Sie untersuchten mit welchen unterschiedlichen Vorerfahrungen die Ehepaare naach dem Krieg wieder aufeinander trafen, wie diese unterschiedlichen Erlebnisse verarbeitet wurden und ob und wie sich die Machtstrukturen in der Familie verändert haben.

Arbeitsbedingungen aber trotzdem war die Frau in erster Linie zuständig und verantwortlich für den Haushalt und die Versorgung und Erziehung der Kinder. Der Selbständigkeitszuwachs und die Erweiterung der Handlungskompetenz war von den Frauen nicht bewusst angestrebt, ergab sich aber aus der Bewältigung der gestiegenen Anforderungen zwangsläufig und bewirkte einen insgesamt qualitativen Wandel in den Verhaltensweisen der Frau. Dieser Wandel bedeutet für die Frauen zum einen innerfamilialer Machtzuwachs aber zum anderen eine zusätzliche Arbeit.

Dazu zwei Beispiele befragter Frauen, aus einer Studie von Domansky und de Jong, zur Veränderung der Rollenbilder in der Familie und den Auswirkungen auf die Generation ihrer Kinder:

Frau I (1933): „Die Frauen haben das alles gemacht. Die Frauen sind diejenigen gewesen, die nach dem Krieg oder während des Krieges alles gemacht haben. Die haben gearbeitet, haben die Kinder erzogen. Und als die Männer dann aus dem Krieg nach Hause gekommen sind, war das für sie eine total neue Situation. Die waren ja gewöhnt, die Herren zu sein, in Anführungszeichen. Und dass dann die Frauen plötzlich selber alles entschieden haben, das war für die Männer sicherlich ganz neu. Ich denke, wenn mein Vater heute sehen würde, wie unser Sohn mit seiner Frau lebt, dann wäre der ganz erschrocken. Wie kann der spülen, oder wie kann der Staub saugen? Das war für die Männer ganz ungewöhnlich, dass die Frauen so selbstständig waren. Die sind ja dann mit allem alleine fertiggeworden oder mussten fertig werden. Sie haben ja dann alles alleine entschieden, die Männer waren ja nicht da. Und das war bestimmt ganz neu. Und ich denke, dass das dann auch angefangen hat, dass die Frauen ein bisschen freier wurden. Wenn der Krieg dann nicht gewesen wäre, wäre das vielleicht noch länger in diesen alten Strukturen stecken geblieben. [...] Ich denke, der war so gravierend eigentlich, der Einschnitt zwischen, ich sag' mal, 1940 und 1950, dass da in dieser Zeit die Frauen einen Riesenschritt nach vorne gemacht haben. Aus der Abhängigkeit raus, wenn man so will."[61]

Frau B (1921): „Und wenn mich ein Jugendlicher fragen würde, würde ich auch sagen, dass wir ein ganz kleines bisschen selbst schuld dran sind, unsere Generation. Wie zum Beispiel dieses ganze Zusammenleben ohne Trauschein. Ich mein', mich interessiert das nicht. Nur, die Kriegerwitwen von 1945 haben es unseren Jugendlichen vorgemacht. Bitte, da hat es angefangen! Das hat es früher nicht gegeben. Ob es gut ist, ob es nicht gut ist, bin ich nicht befugt, das irgendwie zu sagen. Aber dass es überhaupt gekommen ist, das waren die schuld. [...] Vor '45 wäre keiner auf den Gedanken gekommen, auszuziehen oder mit einem Freund zusammenzuziehen. Das wäre ein Ding der Unmöglichkeit gewesen. Nur, auch die Beweggründe der Kriegerwitwen, die waren so

---

[61] Domansky/de Jong 2000

realistisch wie nur etwas; denn die haben in dem Krieg ihren Mann verloren. Und warum sollte der Staat daran verdienen? Find´ ich nicht gut. Wenn mein Mann dageblieben (im Krieg gefallen) wäre, wäre ich mit fünfundzwanzig oder sechsundzwanzig Witwe geworden. Warum sollte man da alleine bleiben? Aber das war der Ursprung."[62]

---

[62] Domansky/de Jong 2000

4. Weitergabe von Traumen der Kriegseltern auf ihre Kinder
4.1. Traumen der Kriegskinder durch Ambivalenzen des Krieges

Da der Krieg die familiären Beziehungskonstellationen auseinanderbrach und Rollenanforderungen radikal änderte, war für Kinder die Erfahrung von Ambivalenzen gerade im familiären Bereich zentral. Hier erlebten sie in vielerlei Varianten Ambivalenzen von Nähe und Distanz, Schuld und Unschuld, Macht und Ohnmacht etc.

Die Kriegs- und Nachkriegsjahre waren zum Beispiel geprägt durch den Widerspruch der tatsächlichen Freiheit und den normativen aufrechterhaltenen Standards. Die Kinder fühlten, dass sie gebraucht und von ihren Müttern ernst genommen wurden, gleichzeitig aber wurden sie als kleine Kinder betrachtet, denen die Angelegenheiten der Erwachsenen nichts angingen. Man verlangte von ihnen anständiges Benehmen und Gehorsam, wobei die Erwachsenen aber nicht in der Lage waren, diese Ansprüche wirklich durchzusetzen. In Wirklichkeit hatten sie die Freiheit, ungestraft eine Menge verbotener Dinge zu tun.[63]

---

[63] vgl. Preuss-Lausitz 1991, S.61

35

Zudem mussten die Kinder, für ihren zurückgekehrten Vater, einerseits Rücksichtnahme und Verständnis üben, andererseits empfanden sie Trauer und Wut darüber, dass sie keinen Vater hatten, der sie beschützte und tröstete. Hinzu kamen Gefühle der Eifersucht, da die Mutter, die während der Abwesenheit des Vaters oft zur alleinigen Bezugsperson geworden war, nun nicht mehr zur vollen Verfügung stand.[64] Es entstanden ambivalente Gefühle zwischen Liebe und Mitleid und Wut und Ärger gegenüber den Eltern.

Die Instabilität der Beziehung der Eltern bzw. das Fehlen eines Elternteiles (insbesondere der Väter) ließ zudem oft die älteren Geschwisterkinder Partnerersatzfunktionen übernehmen und führte zu „Parentifizierung"[65]. Ältere Kinder wurden damit oft Ersatz ihrer Mutter, zum Vater- oder Mutterersatz ihrer Geschwister oder auch „Eltern ihrer Eltern", indem sie versuchten, ihnen schützenden Beistand zu leisten. Auch jüngere Kinder waren betroffen, sie mussten zum Beispiel in den Bombennächten die Mutter beruhigen. Die Belastungsunfähigkeit der Eltern und deren Suche nach Halt machte das Ausleben negativer Gefühle und Loslösungsprozesse für die Kinder schwierig. Mit der Übernahme von Erwachsenenaufgaben wurden wichtige Kindheitsphasen (Trotzphase und Pubertät) zur Ausbildung von Autonomie übersprungen oder konn-

---

[64] vgl. Domansky/de Jong 2000, S.344ff, Lorenz 2003, S.255ff
[65] Frese 2007, S.20

ten auf Grund impliziter oder expliziter Gefühlsverbote nicht ausgelebt werden.[66]

Diese Erfahrungen haben wahrscheinlich besonders extrem auf die kleineren Kinder gewirkt. Sie spürten die Abhängigkeit ihrer Eltern von ihnen, wobei sich kleine Kinder umgekehrt von ihren Eltern abhängig fühlen sollen und das Gefühl haben sollen, ihre Eltern täten stets das Richtige. Diese Vorstellungen konnten durch die Erfahrungen der Kriegsjahre und in der ersten Nachkriegszeit von den kleinen Kindern vielleicht gar nicht aufgebaut werden und wurden bei den Jugendlichen mit hoher Wahrscheinlichkeit erschüttert.[67]

Alice Miller vermutet, dass es gerade die Generation der zunächst vaterlos aufgewachsenen Kinder, insbesondere der Töchter ist, die von ihren Müttern psychisch ausgebeutet wurden. Sie verstehen sich vorzüglich auf Empathieleistung für andere, aber konnten selber kein entsprechendes Selbstwertgefühl entwickeln.[68]

---

[66] vgl. Frese 2007, S.21f

[67] vgl. Preuss-Lausitz 1991, S.21

[68] „Es handelt sich um Patienten, die selber viele Möglichkeiten oder sogar Talente hatten, die sie auch entwickelten, und die oft wegen ihrer Gaben und Leistungen gelobt wurden. Fast alle diese Analysanden waren schon im ersten Lebensjahr trocken und viele halfen bereits im Alter von eineinhalb bis fünf Jahren sehr geschickt bei der Pflege ihrer kleinen Geschwister. Nach der vorherrschenden Meinung müssten diese Menschen – der Stolz ihrer Eltern – ein starkes und stabiles Selbstbewusstsein haben. Aber gerade das Gegenteil ist der Fall. Alles, was sie anpacken, machen sie gut bis hervorragend, sie werden bewundert und beneidet, sie ernten Erfolg, wo es ihnen immer wichtig ist, aber alles das nützt nichts. Dahinter lauert die Depression, das Gefühl der Leere, der Selbstentfremdung, der Sinnlo-

„Die Generation der Kriegskinder war manchmal hart zu den eigenen Kindern. Aber sie wollte vielleicht nur deshalb so wenig zulassen an Freiheiten und Abweichungen, weil sie auch im späteren Leben alles für möglich hielt, jeden Zusammenbruch der Ordnung, jede Aufkündigung der Sicherheit."[69]

Auf diese Weise haben Kriegsbedingungen auf die Familienstruktur und die Eltern-Kind-Beziehungen Einfluss genommen, die dazu führten, dass Ambivalenzen unter Umständen mehr und intensiver erfahren wurden, aber oftmals nicht „phasengerecht" oder zu wenig bis gar nicht bewältigt werden konnten. Die Art und Weise, wie die Bezugspersonen ihren Kindern Halt, Sicherheit und Geborgenheit vermittelten und das Geschehen erklärten, bestimmt, wie diese extremen kriegsbedingten Ambivalenzerfahrungen von den Kinder wahrgenommen wurden.[70]

---

sigkeit ihrer Daseins – sobald die Droge der Grandiosität ausfällt, sobald sie nicht „on top" sind, nicht mit Sicherheit der Superstar, oder wenn sie plötzlich das Gefühl bekommen, vor irgendeinem Idealbild ihrer selbst versagt zu haben. Dann werden sie gelegentlich von Ängsten oder schweren Schuld und Schamgefühlen geplagt."; Miller 1979, S.19

[69] Lorenz 2003, S.297

[70] vgl. Frese 2007, S.20ff

4.2. Arten von transgenerationellen Traumen

Nach Kogan gibt es verschiedene Aspekte von Traumatisierungen, die unbewusst auf die zweite und dritte Generation übertragen werden. Zum einen „benutzen die Eltern das Kind unbewusst zur Wiederholung des Traumas, indem sie Trauer und Aggression projektiv abwehren, die sie aufgrund des verheerenden Ausmaßes nicht für sich behalten oder mit anderen Erwachsenen teilen können"[71]. Ein anderer Aspekt von Traumatisierungen liegt vor, wenn das Kind sich seinen schwachen Eltern emotional völlig ausliefert um dessen Bedürfnis nach Empathie zu befriedigen. Kogan spricht auch vom phantasierten Trauma, wenn das Kind in seiner eigenen Phantasie das traumatische Erlebnis der Eltern und seine Folgen neu erschafft um sie zu verstehen und ihnen zu helfen. Ein Trauma besteht zudem im Aufgeben der eigenen Individualität, wenn das Kind versucht, das beschädigte Selbst der Eltern wieder herzustellen indem es versucht die verlorengegangen und idealisierten „Objekte" zu ersetzen und an ihre Stelle zu treten.[72]

Mit dem Begriff des kumulativen Traumas beschreibt Kahn (1963) eine bestimmte Störung in der präverbalen Mutter-Kind-Beziehung. Bei äußerster Hilflosigkeit und Abhängigkeit, in der der Säugling darauf angewiesen

---

[71] Kogan zit. nach Flaake/King 1995, 136f
[72] vgl. Flaake/King 1995, 136ff, Kogan 1998

ist, dass die Mutter sich einfühlt und die „Funktion [...] eines Schutzschildes gegen Überflutung durch innere und äußere Reize übernimmt, kommt es zu einem Versagen der Mutter in eben dieser Funktion."[73]

Nach Kahn handelt es sich dabei um „unauffällige Einfühlungsversäumnisse", die erst in ihrer Häufung über einen längeren Zeitraum traumatisch wirken. Die Kinder sollten ihren Eltern helfen wieder ein sinnerfülltes Leben zu leben. Das Trauma entsteht aus einer ständigen Überanstrengung und Überforderung des Kindes, da es sich selber in die Mutter einzufühlen versucht und „dabei sein Ich vorzeitig und einseitig ausbilden muß (sic!)."[74] Diese „Generationen-Umkehrung"[75] wurde von Miller sehr intensiv beschrieben. Menschen, die unter seelischen Störungen leiden, mussten sich häufig schon als kleine Kinder in ihre Eltern übermäßig einfühlen. Miller erklärt, dass bei ihren Untersuchungen bei allen diesen Menschen ein Kinderschicksal vorzufinden war, das ihr bezeichnend erschien.

> „Da war eine im Grunde emotional unsichere Mutter, die für ihr narzisstisches Gleichgewicht auf ein bestimmtes Verhalten oder eine bestimmte Seinsweise des Kindes angewiesen war. Diese Unsicherheit konnte sehr wohl dem Kinde und der ganzen Umgebung hinter einer harten, autoritären, ja totalitären Fassade ver-

---

[73] Khan zit. nach Müller-Hohagen 1988
[74] Grubrich Simitis zit. nach Müller-Hohagen 1988, S.178f
[75] Müller-Hohagen 1988, S.179

borgen bleiben. [...] Dazu kam eine erstaunliche Fähig-
keit des Kindes, dieses Bedürfnis der Mutter oder beid-
er Eltern intuitiv, also auch unbewußt (sic!) zu spüren
und zu beantworten, d.h. die ihm unbewußt zugeteilte
Funktion übernehmen. [...] Diese Funktion sicherte
dem Kind die Liebe, d.h. hier die narzisstische Beset-
zung durch die Eltern. Es spürte, daß (sic!) es ge-
braucht wurde, und das gab seinem Leben die Exis-
tenzsicherung."[76]

Kinder nehmen zahlreiche unbewusste Verinnerli-
chungs- und Identifikationsprozesse der Erlebnisse und
Traumen der Eltern vor. Erst in den Jahren der Pubertät
und der Adoleszenz ergibt sich die Möglichkeit, dass
sich diese Verinnerlichungen und Identifikationen
auflösen. Nach Phyllis Greenacre kann „ein schweres
Trauma, sei es durch ein einmaliges auftretendes Ereig-
nis oder durch chronische Zustände in den dem Kind
nahestehende Personen, speziell der Mutter, hervorgeru-
fen, [...] vom Kind unmittelbar, fast als ob es ihm selbst
zugestoßen wäre, erlebt werden, wenn es sich dabei in
einer Phase oder einem Zustand befindet, wo Mecha-
nismen der Introjektion/ Projektion vorherrschen." [77]

[76] Miller zit. nach Müller-Hohagen 1988, S.179f
[77] Greenacre zit. nach Kogan 1990, S.534

4.3. Transgenerationelle Weitergaben von Traumen

Die Bedingungen und Verhältnisse, in welchen sich unbearbeitete Traumen und Erlebnisse von der Kriegsgeneration auf die Kinder und die Enkelkinder auswirken, werden in der psychoanalytischen Diskussion nach dem Nationalsozialismus als Generationentransfer bezeichnet.[78] Nach Radebold erfolgten an die Jahrgänge 1930-32 bis 1945-48 bestimmte transgenerationelle Weitergaben durch elterliche und nationalsozialistische staatliche Erziehung.[79]

Auch Erler sieht Biographie als selbstreferentiellen Prozess: „Frühere Ereignisse und Erfahrungen, zum Beispiel im elterlichen Haushalt während der Sozialisationsphase, früher getroffene Entscheidungen und zuvor erreichte Zustände haben einen Einfluss auf zukünftige Entwicklungen im Lebensverlauf."[80]

Die einschneidenden Erlebnisse des Nationalsozialismus müssen in die Analysen der zweiten und dritten Generation, grade bei der Suche nach Sinnzusammenhängen für die Familiengestaltung, mit einbezogen werden. Die Verarbeitungen der Erlebnisse machen sich besonders in

---

[78] vgl. Flaake/King 1995, S. 136
[79] vgl. Müller-Hohagen 1988, 2001, Radebold 2000
[80] Erler 1996, S.118

Erschütterungen von Pubertät und Adoleszenz bemerk-
bar.[81]

Unter Umständen kann sich in Therapien sehr viel
ändern, wenn Familienschicksale im Zusammenhang
mit der Nazizeit sichtbar werden. Müller-Hohagen
schreibt 1988, dass Flucht und Vertreibung in vielen
Familien bis heute nicht bewältigt sind. Schuldbe-
wusstsein führte in besonderem Maße zu Verleugnung,
Verdrängung und Verschweigen. Auch wenn über diese
Dinge geredet wurde, kam es oft bei der jüngeren Generation nicht direkt an, da Kinder das Verleugnete auf-
nehmen, aber nicht in der Lage sind es zu fassen. Sie
leiden in diesem Falle diffus darunter und tragen unter
Umständen ihr Leben lang „an den verborgenen
Schmerzen"[82]. Ihre eigenen Schmerzen erscheinen ihnen
fremd und beeinträchtigen unter Umständen ihrerseits
die nachfolgenden Generationen.

Das gewaltsame Sterben von bekannten oder unbekann-
ten Menschen und damit auch der mögliche eigene Tod
war etwas, womit ständig gerechnet werden musste.
Das daraus resultierende „Abstumpfen", die Gefühllosigkeit sich selbst und anderen gegenüber, ist ein
Schutzmechanismus und eine Überlebensstrategie, die
davor bewahrt in belastenden Situationen zusammen-
zubrechen. So konnten die meisten Menschen über Jahre
hinweg nur dann seelisch überleben, wenn sie sich von

---

[81] vgl. Flaake/ King 1995, S.130
[82] Müller-Hohagen 1988, S.123

eigenen Gefühlen und damit auch von der Fähigkeit des Mitgefühls mit anderen losmachten. Der Verlust des Mitgefühls und der Bindungsfähigkeit sind nicht so einfach rückgängig zu machen. So wurden diese Strategien von den Kindern des Krieges an die nach dem Krieg geborenen Kinder weitergeben und leben bis heute fort.[83]

In den Erlebnisberichten der Kriegskinder und ihrer Kinder wird immer wieder eine gewisse „Sprachlosigkeit" zwischen den Generationen thematisiert. Die Kinder der Kriegskinder beklagen emotionale Distanz, vermeintliches Desinteresse und das Ausschweigen über die Kriegsvergangenheit. Gefühl- und Bindungslosigkeit waren dabei oftmals ein Schutzmechanismus, der vor der völligen seelischen Zerrüttung angesichts der Kriegsschrecken bewahrte. Traumatische Trennungen führen oft zu Schwierigkeiten im Umgang mit Bindungen und der Regulation von Nähe und Distanz, weil nur das eine oder andere Extrem gelebt wird und die Spannung zwischen beidem nicht ausgehalten werden kann.[84]

Um sich nicht mit den verdrängten ambivalenten Gefühlen und dem Schmerz konfrontieren zu müssen, sinkt auch die Gefühlsfähigkeit, die oftmals zu einer Härte gegen sich und andere führt. Folge sind nicht sel-

---

[83] vgl. Flaake/King King 1995
[84] vgl. Lennertz 2004, S.142ff

ten Distanziertheit und Kommunikationslosigkeit in Beziehungen.[85]

Aufgrund der „Unfähigkeit zu Trauern"[86] ihrer Eltern und Großeltern lernten die Kinder ebenfalls nicht zu trauern, z.B. über ihre verlorenen Väter, Geschwister und Verwandten, die verlorene Heimat oder auch über die verlorene Kindheit oder Jugend. Ihnen wurde ein Idealbild von Zähigkeit, Härte gegen sich selbst, wenig Rücksichtsnahme auf Hunger, Durst und Kälte anerzogen, das ihnen half das Kriegsende und die direkte Nachkriegszeit zu überleben. Nicht nur Gefühle von Traurigkeit und Verzweiflung waren verpönt, sondern ebenso Gefühle von Wut, Ärger, Vorwürfen als auch von Vergnügtheit und Glück.

Wahrscheinlich ist, dass diese Eltern wiederum nur wenig auf die psychischen Bedürfnisse ihrer Kinder eingehen konnten und erwarteten, dass diese mit ihren „durchschnittlichen" Problemen ihrer Kindheit und Pubertät selbstständig zurecht kämen. Nach außen hin sollte diese dritte Generation aber eine völlig andere Erziehung erhalten, eine beschützende, verwöhnende und sichere.[87]

---

[85] vgl. Frese 2007, S.31
[86] Mitscherlich/ Mitscherlich 1967
[87] vgl. Radebold 2003, S.12ff

Schuldgefühle in Folge von Kriegserfahrungen spielen in den Generationenbeziehungen eine zentrale Rolle. Die unbewältigte NS-Schuld und Traumatisierungen der Kriegseltern werden an die Kriegskinder weitergeben und von diesen an ihre Kinder weitergegeben. Die Elterngenerationen bestrafen unbewusst ihre Kinder und fordern von ihnen Wiedergutmachung, für eine Schuld, die sie selber empfinden. Scham und Schuld erschweren die Loslösung der Generationen voneinander.[88]

4.4. Auswirkungen der Traumen auf die Lebensgestaltung

Karin Flaake und Vera King untersuchten die Übermittlung von unbearbeiteten Traumen auf nachfolgende Generationen im Zusammenhang mit dem Nationalsozialismus, insbesondere wie sich die Erlebnisse der Eltern auf Pubertät und Adoleszenz der Frauen, auf Schwierigkeiten mit der Entwicklung eines Körperbildes, der weiblichen Geschlechtsidentifikation, auf Abtreibung, Mutterschaft, Einsamkeit und Fähigkeit zu sozialen und emotionalen Beziehungen ausgewirkt haben.[89] Die frühe Kindheit der Befragten war durch eine

---

[88] vgl. Schubert 2005, S.21ff, Frese 2007, S.3

[89] vgl. Faake/King 1995, S.126ff ; Sie befragten Analysandinnen im Alter zwischen 25 und 35 Jahren aus der alternativen Szene, die Anschluss an die Studentenbewegung hatten und sich in der Psychoanalyse befanden. Die Analysandinnen gehörten zwei verschiedenen Generationen an in Bezug auf ihre Nähe zur Nazi-Herrschaft. Die

starke Bindung an die psychischen und emotionalen Bedürfnisse der Eltern geprägt. Die meisten Elternpaare waren unfähig, ihre Bedürftigkeit bei sich zu behalten und ihren Kindern eine eigene, unabhängige Entwicklung einzuräumen. Sie behinderten damit die Entwicklung zu einer den persönlichen und kulturellen Bedingungen angemessenen Identität, woraus sich verschiedene Formen der gescheiterten Pubertät entwickeln können.

Nach Schubert entstehen durch die nicht verarbeiteten Verlustängste der Eltern Trennungsschwierigkeiten zwischen ihnen und ihren adoleszenten Kindern. Die Kinder lernen latent auf diese Ängste und Bedürfnisse der Eltern Rücksicht zu nehmen und verpassen dabei selber wichtige Autonomieschritte.[90] Bei den Analysandinnen der Studie kam es danach oft zu einem mehr oder weniger radikalen Beziehungsabbruch zwischen ihnen und der Familie. Den Kindern blieb damit oft nur die Wahl zwischen einer erneuten „inneren und oft auch äußeren Hinwendung zu den Libidoverhältnissen der früheren Kindheit oder einem gewaltsamen Losreißen aus der Familie"[91]. Die Töchter tauchten im Laufe der Adoleszenz in jugendkulturelle Gruppen ein, wo ihnen eine teilweise weitere Entwicklung ihrer eigenen

---

einen waren jüngere Töchter von Eltern, die Nationalsozialismus, Krieg und Flucht miterlebt hatten. Bei den anderen waren die Eltern zum Ende des NS-Regimes selbst noch Adoleszente.

[90] vgl. Schubert 2005, Frese 2007

[91] Flaake/King 1995, S.133

Persönlichkeit möglich wurde. Es kam später häufig zu einer neuen Ablösung von diesen Gruppen, da auch hier starke Bindungstendenzen herrschten, so dass die früheren Abhängigkeiten nur durch altersgemäßere Gruppenabhängigkeiten ersetzt wurden. Die neue Ablösung war problematisch, da sie die schon in der Kindheit erlebten Traumen und Verlassenheitsängste wiederbelebte. Oftmals wurde in dieser Phase bei den betroffenen Frauen der Wunsch nach Mutterschaft laut.[92]

Aus Untersuchungen von Radebold geht hervor, dass grade die kriegsbedingte Vaterabwesenheit die Söhne in ihrer Identitätsfindung beeinträchtigt. Die Abwesenheit ruft des Öfteren Bindungsschwierigkeiten in Partnerschaften und Schwierigkeiten im Ausüben der Vaterrolle hervor.[93]

Des Weiteren schneidet die Teilnahme an der Lebensvernichtung durch ihre Eltern in der NS-Zeit, bei Frauen und Mädchen, in die körperliche, seelische und soziale Entwicklung ein. Erst im Rahmen der in der Pubertät eingegangen sozial-kulturellen Bindungen entscheidet sich, wie viel von dieser geerbten Schuld verarbeitet werden kann und wie viel in der unbewussten Wiederholung die eigenen Lebensmöglichkeiten bestimmt. Die Unbewusste Übernahme der Schuld und Scham ihrer Eltern führt bei den Mädchen zu einer gestörten Beziehung zum eigenen Körper. Beispielsweise erscheint ih-

---

[92] vgl. Flaake/King 1995, S.126ff
[93] vgl. Schulz/Radebold/Reulecke 2005, Frese 2007, S.3

nen die Möglichkeit, selber Leben zu geben angesichts ihrer Schuld so vernichtend, dass sie durch extreme Kontrolle ihrer weiblichen Körperfunktionen, wie zum Beispiel durch Magersucht, damit die monatliche Blutung ausbleibt, nicht in die Gefahr kommen schwanger zu werden. Erbrechen ist auch oft seit der frühen Kindheit üblich und bleibt als Reaktion in Konfliktsituationen erhalten. Beziehungen zu Männern werden oft nicht aufgenommen oder abgebrochen, wenn sie zu Mutterschaftswünschen führen könnten dagegen wird das Leben als Single glorifiziert. Die Pille sowie die Möglichkeit der Abtreibung spielt bei vielen Patientinnen eine enorme Rolle.[94]

---

[94] vgl. Faake/King 1995, S.140ff

5. Familiengestaltung der Kriegskinder

5.1. Auswirkungen des Elternhauses auf die Kriegskinder

Die Familiengestaltung und die Erziehung der eigenen Kinder basiert auf ihrem Elternhaus und ihrer Erziehung. Die Erziehungsmaßnahmen der Eltern wirken als Beispiel und Vorbild prägend auf den jungen Menschen, der damit, dass er sich an ihnen ausrichtet, selber an seinem Erziehungsprozess beteilt ist.

Atkinson untersuchte, wie sich die Erziehung und Sozialisierung der Kriegskinder aus der 1940 Generation vollzogen hat, um herauszufinden welche Rolle im Verhalten und Bewusstsein der Befragten das Elternhaus überhaupt spielt.[95] Sie fragte, wie die Erziehung von ihnen selbst gesehen wird, ob die Befragten noch an ihre Elternfamilien gebunden sind oder ob sie in dieser Phase von der Familie gelöste Individuen sind. Und weiter wie sie ihre eigenen Kinder erziehen wollen, ob sie die Methoden und die Praxis der Eltern internalisiert haben oder dazu distanziert stehen um es selbst anders zu machen und ob sich noch Tendenzen zu autoritärer Erziehung finden.

---

[95] Aus der Untersuchung von Elisabeth Pfeil 1968, die Befragung fand 1964 an 23jährigen statt

1964 waren ein Viertel der männlichen Befragten und die Hälfte der weiblichen befragten Kriegskinder der 40er Generation bereits verheiratet bzw. wussten bereits in diesem Alter, dass sie heiraten und eine Familie gründen werden. Sie hatten ausgeprägte Vorstellungen vom besten Heiratsalter, vom richtigen Heiratsabstand der Ehepartner, von der Anzahl der Kinder und von der Beteiligung und Nichtbeteiligung der Mutter am Erwerb.

Eine gewisse Altersüberlegenheit des Mannes und die damit verbundene berufliche Position war immer noch ausdrücklich erwünscht. Gleichaltrigkeit wurde von beiden Geschlechtern in allen Sozialschichten ausdrücklich abgelehnt. Zudem hatten beide Geschlechter ein ausgesprochenes Bewusstseins von der Rollenverteilung in der Familie, wenn auch die Differenzierung der männlichen und weiblichen Rolle bei den Befragten nicht mehr so deutlich war. Der Mann galt primär als Ernährer und musste beruflich gesichert sein; die Frau war primär Hausfrau und Mutter. Dazu gaben die meisten Frauen, sobald sie Mutter wurden, ihren Beruf auf, ohne eine spätere Wiederaufnahme zu planen oder auch zu wünschen.

Neben der traditionellen Rollenerwartung der Frauen und Männer gab es aber auch zeitspezifische Züge. Die Rollen befanden sich im Übergang, es gab eine „Art

Gleichzeitigkeit des Ungleichzeitigen"[96], zum Beispiel patriarchalische neben partnerschaftlichen Vorstellungen. So lag auch bei der Hälfte der Befragten die letzte Entscheidung beim Mann obwohl es einen starken Abbau der „hausväterlichen Autorität"[97] gab.

Die Familiengründung war aber nicht für alle Gruppen und sozialen Schichten für die Lebensführung bestimmend. Es bestanden je nach Geschlecht und sozialer Zugehörigkeit wesentliche Unterschiede.

Dazu wurden in Pfeils Untersuchung der 23jährigen zeitbedingte Faktoren geprüft, die unter dem Begriff „Kriegsschicksale" zusammengefasst wurden. Es traten folgende Unterschiede auf: Väter von Befragten, die heimatvertrieben oder Sowjetzonenflüchtlinge waren, haben doppelt so häufig den Beruf wechseln müssen wie einheimische Väter. Heimatvertriebene Mütter mussten wesentlich häufiger aus Not einem Erwerb nachgehen als Einheimische, ebenso Frauen, deren Männer im Krieg gefallen sind. Wenn der Vater lebte, haben mehr Kinder Gelegenheit zu mittlerer oder höherer Schulbildung gehabt; jedoch waren Heimatvertriebene in dieser Hinsicht nicht benachteiligt.

Das Bestreben vertriebener Eltern, ihr Kind auf die höhere Schule zu bringen, scheint stärker gewesen zu sein als das der Einheimischen, da hier weniger

---

[96] Pfeil 1968, S.75
[97] ebd. S.78

Geschäfte und Betriebe vererbt werden konnten. Es fanden sich auch mehr Heimatvertriebene unter den Studierenden, als ihrem Bevölkerungsanteil entsprach.

In ihren Rollenerwartungen und Erziehungsabsichten unterschieden sich die Heimatvertriebenen nicht von den Ansässigen, z.B. sahen beide Gruppen Erziehung im gleichen Maße als Aufgabe beider Eltern an. Auch die vaterlos Aufgewachsenen zeigten in dieser Hinsicht keine Unterschiede gegenüber denen aus vollständiger Familie. Aber je höher der gesellschaftliche Rang und die Bildungsstufe, desto liberaler, sowohl im Sexualverhalten, wie in der Autoritätsfrage waren die Befragten. In den unvollständigen Familien wurden die Jugendlichen weniger am Selbständigwerden behindert als in den vollständigen. Das heranwachsende Kind wurde in einem vaterlosen Haushalt früher von der Mutter als Gesprächspartner gesehen und zur Mitverantwortung herangezogen.

Die Abwesenheit des Vaters bedeutete für das Kind oft auch noch die tägliche Abwesenheit der Mutter. Die Hälfte der Mütter der Befragten hat trotz Kinder noch beruflich gearbeitet. In den meisten Fällen wird angegeben, dass diese Arbeit lebensnotwendig gewesen sei, bei vielen durch die Abwesenheit des Vaters, der in Kriegsgefangenschaft, tot oder krank war. In den Familien, wo der Ernährer lebte, haben sehr viel weniger Mütter gearbeitet. Am häufigsten waren die Kinder von ungelernten Arbeitern von einer permanenten Berufsarbeit der

Mütter betroffen, am wenigsten die von Akademikern, gehobenen Beamten und Volksschullehrern.[98]

5.2. Tendenz der Familiengestaltung der Kriegskindern

Frese nimmt an, dass die Familien von Kriegskindern zu einer bestimmten Art und Weise der familiären Beziehungsführung neigen. Sie vermutet, dass es Kriegskindern als Eltern schwer fällt, sich auf Veränderungen einzustellen, aus Gewohnheiten auszubrechen und sie viel Wert auf Rituale, Strukturen und bewährte Lebensmodelle legen. Und weiter, dass die Familien von Kriegskindern weniger flexibel und offen für Neues sind und das Zusammenleben mehr durch Gewohnheiten, Pflichten und Rücksichtsnahme geprägt ist, so dass die Stabilität der Strukturen nicht gefährdet wird. So kann es sein, dass Kriegserfahrungen dazu beigetragen haben eine bestimmte Gestaltung von Familienbeziehungen zu institutionalisieren.[99]

Nach Elder und Caspi haben plötzliche oder dauerhafte Veränderungen bedrohliche bis traumatische Kontrollverluste zur Folge. Im weiteren Leben wird sich bemüht, diese Kontrolle wiederzuerlangen indem soziale Beziehungen in erster Linie zur Kontrollrückgewinnung oder

---

[98] vgl. Pfeil 1968
[99] vgl. Frese 2007, S. 13, S.105ff

-erhaltung geführt werden. Veränderungen werden als unkontrollierbar und selbstgefährdend gesehen. Entscheidungen, die einschneidende Veränderungen nach sich ziehen, werden eher vermieden. Es wird sich an traditionellen und vorgelebten Lebenskonzepten orientiert und Gestaltungsoptionen und –alternativen werden weniger ausgenutzt.[100]

Frese fragt, welchen Einfluss diese Deutungen von Veränderungen auf die Gestaltung von intergenerationalen Beziehungen haben und zu welchen Beziehungslogiken sie in familiären Beziehungen führen, da grade Familien verschiedene Phasen durchlaufen und damit stetig Veränderungen bewältigen und gestalten müssen.

Wird davon ausgegangen, dass die Eltern durch ihre Kriegskindheit belastet sind, kann es sein, dass sie auf subtile oder manifeste Weise eine ständige Rücksichtsnahme von ihren Kindern auf ihre Lebensweise, ihr Leid oder ihre Bedürfnisse verlangen. Ständige Rücksichtsnahme kann so auch ein Mittel sein, bestimmte Strukturen aufrecht zu erhalten. Nach Frese sind Pflicht, Routinen und Rücksichtsnahme konkrete Handlungsorientierungen in reproduktiven Gestaltungstypen.

---

[100] vgl. Elder/Caspi 1990, Frese 2007, S.31

Zum Ende ihrer Studie konnte Frese nachweisen, dass Entbehrungserfahrungen, Vaterabwesenheit und Gewalterfahrung eine reproduktive, traditionelle Familienführung nach sich ziehen, sowie, dass bei einem Fronteinsatz des Vaters und bei politischer Verfolgung Pflichten und Rücksicht in den Familien bestimmend sind.

Bei der Wirkung des Kriegserleben wurde davon ausgegangen, dass eine hohe Belastung in Folge eines Kontrollverlustes eintritt, der zu einer traditionellen Familiengestaltung neigt. Tatsächlich geben hoch Belastete für ihre Familien eine innovationsskeptischere Haltung und eine größere Neigung zu reproduktiven Handlungsmustern an als niedrig Belastete. Zudem ist es für hoch Belastete durch Kriegserfahrungen wie Evakuierung, Flucht und Heimatlosigkeit schwieriger aus Gewohnheiten in der Familie auszubrechen und für Hochbelastete durch Flucht sind die Pflichten in der Familie von zentraler Bedeutung.[101]

---

[101] vgl. Frese 2007, S.34ff,105ff

6.   Fazit

Es wurden einige kontroverse Punkte in Bezug auf den Einfluss des Krieges auf die Familiengestaltung der Kriegskinder und auch auf den Wandel der Familie insgesamt angesprochen.

Zum einen setzte sich langfristig, obwohl die Familien sich nach dem Krieg relativ zügig wieder zu isoliert lebenden Kleinfamilien geformt hatten, die traditionelle patriarchalische Rollenverteilung innerhalb der Familie zurückkehrte und die Erziehung der Kinder anfangs wieder nach strengen autoritären Maßstäben verfolgt wurde, eine veränderte Rollenerwartungen und eine antiautoritäre Erziehung durch. Die Erfahrung des Machtzuwachses, der Selbständigkeit und Orientierungsstringenz der Frauen und das Kontroll-Loch in Bezug auf die Kindererziehung während des Krieges und in der Nachkriegszeit waren können als direkte Anstöße für die Frauenbewegung und die pädagogischen Reformen in den 60er und 70er Jahren gedeutet werden. So wirkten die Kriegserfahrungen mit bei dem Wandel der Familiengestaltung vom traditionellen Leitbild zum liberalen innovativen Leitbild.

Doch die Erfahrungen des Krieges erzeugten ganz unterschiedliche Verhaltensweisen der Kriegskinder. Zum Beispiel wollten viele Kriegskinder schnell von ihren Eltern unabhängig werden um ihre Selbstständigkeit und Autonomie wiederzuerlangen, die sie während des

Kontroll-Lochs erfahren hatten, und heirateten deshalb schon in jungen Jahren. Andere Kriegskinder hingegen lehnten Beziehungen ab, die auf eine Heirat hinauslaufen würden, da sie gerade dann ihre Unabhängigkeit verloren hätten bzw. dem traditionellen Gesellschaftsbild gefolgt wären oder weil sie (als Frau) keine Mutterschaft eingehen wollten, aus vielleicht übernommener Schuld der Eltern bzw. um nicht in das veraltete Frauenbild zurückgedrängt werden zu können.

Zudem hat sich das Bild der Erziehung der Kinder zwar in den 60er Jahren geändert, doch standen die Kriegskinder bei der Erziehung ihrer eigenen Kinder zwischen den Modellen der neuen antiautoritären Erziehung, der Erziehung der Eltern und der Erfahrungen des Kontroll-Lochs. Die Verwirrung über die Erziehung der eigenen Kinder war somit geknüpft an die durch den Krieg hervorgerufenen Ambivalenzen.

Aber der Krieg hatte nicht nur einen direkten Einfluss auf die Familie.

> *„Der Krieg bedeutet für die Kinder wenig, solange er nur ihre körperliche Sicherzeit bedroht, ihre Lebensbedingungen verschlechtert und ihre Rationen kürzt. Er gewinnt erst einschneidende Bedeutung, wenn er den Familienverband auflöst und damit die ersten Gefühlsbindungen der Kinder an ihre Angehörigen erschüttert."*[102]

---

[102] Freud/Burlingham zit. nach Büttner 2004, S.141

Die Veränderung der Rollenkonstellationen, die Erziehung und gerade die einschneidenden Veränderungen in der Familienkonstellation hatten traumatische Erlebnisse und Ambivalenzen zufolge mit denen die Kriegskinder umgehen mussten.

Die erlittenen Kriegserfahrungen der Eltern und die damit einhergehende Gefühllosigkeit und Kommunikationslosigkeit wurden an die Kriegskinder weitergegeben und wirkten sich zusammen mit den eigenen Ambivalenzerfahrungen auf den Umgang mit Beziehungen, mit Nähe und Distanz und daher auch auf die Familienbeziehungen und Familiengestaltung der Kriegskinder aus. So hatten bestimmte Kriegserfahrungen direkten Einfluss auf den Umgang mit Veränderungen und Neuerungen innerhalb der eigenen Familie. Viele Kriegskinder neigen, oft unbemerkt, zur traditionellen, reproduktiven Familiengestaltung, obwohl sie im allgemeinen z.B. der antiautoritären Erziehungsdebatte und der gleichstellenden Rollenverteilung zustimmen.

Die Auswirkungen des Krieges dringen somit ganz unbewusst in die Familiengestaltung und damit auch in die Rollenverteilung und Erziehung ein. Trotzdem ist nicht klar zu zeigen, auf welche Weise die Kriegserfahrungen den Umgang mit Familienbeziehungen bestimmen. Zudem müssen auch das Elternhaus, das Bildungsniveau und der soziale Status der Eltern, sowie Kriegserfahrungen der Eltern wie Flucht und Vertreibung und Abwesenheit des Mannes, berücksichtigt werden, da diese

Aspekte die Erziehung und Bildung der Kriegskinder beeinflussen und damit auch Folgen für die Erziehung der Kinder der Kriegskinder und für die Familiengestaltung der Kriegskinder haben.

Somit ist festzustellen, dass der Krieg zum einen direkt auf die Institution der Familie wirkte, aber besonders indirekt über die transgenerationelle Weitergabe von traumatischen Erfahrungen des Krieges wirkte und so den Umgang mit Beziehungen und daher auch den Umgang mit Familienbeziehungen beeinflusste.

7. Literaturverzeichnis

Baumert,Gerhard (1954): *Deutsche Familien nach dem Kriege*. Darmstadt.

Bien, Walter (Hrsg.) (1996): *Familie an der Schwelle zum neuen Jahrtausend. Wandel und Entwicklung familialer Lebensformen*. Opladen.

Blücher, Viggo (1966): Die Generation der Unbefangenen. Zur Soziologie der jungen Menschen; mit zahlreichen Tabellen. Düsseldorf.

Castell Rüdenhausen, Adelheid Gräfin zu (1989): Familie und Kindheit. In: Langewiesche, Dieter & Tenorth, Heinz-Elmar (Hrsg.) *Handbuch der Deutschen Bildungsgeschichte. Bd. 5: 1918-1945. Die Weimarer Republik und die nationalsozialistische Diktatur*. München. S.65-86.

Domansky, Elisabeth & de Jong, Jutta (2000): *Der lange Schatten des Krieges. Deutsche Lebensgeschichten nach 1945*. Münster: Aschendorff.

Drexler, Wulf (1984): Kriegsschäden. Die Auswirkung des zweiten Weltkrieges auf die um 1930 und um 1940 Geborenen. In: Büttner, Christian & Ende, Aurel (Hrsg.) *Kinderleben in Geschichte und Gegenwart*. Weinheim, Basel: Beltz. S. 39-50.

Edelstein, Wolfgangm & Kreppner, Kurt & Sturzbecher, Dietmar (1996): *Familie und Kindheit im Wandel*. Potsdam

Elder, Glen H. & Caspi, Avsholm (1990): *Persönliche Entwicklung und sozialer Wandel – die Entstehung der Lebensverlaufsforschung Kölner Zeitschrift für Soziologie und Sozialpsychologie*, Sonderheft 31: Lebensverläufe und sozialer Wandel, hrsg. von Karl Ulrich Mayer. Opladen: Westdeutscher Verlag. S.22-57.

Erler, Michael (1996): Die Dynamik der modernen Familie. Empirische Untersuchung zum Wandel der Familienformen in Deutschland. Weinheim.

Fischer-Kowalski (1995): Halbstarke 1958, Studenten 1968: Eine Generation und zwei Rebellionen. In: Preuss-Lausitz, Ulf u.a. (Hrsg.) *Kriegskinder, Konsumkinder, Krisenkinder. Zur Sozialisationsgeschichte seit dem Zweiten Weltkrieg.* Weinheim, Basel: Beltz. S. 53-70.

Frese, Désirée (2007): *Der Einfluss von Kriegserfahrungen auf die Gestaltung von intergenerationalen Beziehungen. Eine empirische Untersuchung zur gesellschaftlichen Teilhabe der Kriegskindergeneration im Bereich Familie.* Münster.

Flaake, Karin & King, Vera (Hrsg.) (1995): *Weibliche Adoleszenz. Zur Sozialisation junger Frauen.* Frankfurt a. M.

Kogan, Ilany (1990): *Kinder von Holocaust-Überlebenden. Vermittelte und reale Träume.* Psyche – Zpsychoanal 44. S.533-544.

Kogan, Ilany (1998): *Der stumme Schrei der Kinder. Die zweite Generation der Holocaust-Opfer.* Frankfurt a.M.

Lennertz, Ilka (2004): Trauma und Bindung bei Flüchtlingskindern. In: Büttner, Christian u.a (Hrsg.) *Kinder aus Kriegs- und Krisengebieten. Lebensumstände und Bewältigungsstrategien*. Frankfurt, New York. S.141-149.

Lenzen, Dieter (1991): *Vaterschaft. Vom Patriarchat zur Alimentation*. Reinbek bei Hamburg.

Lorenz, Hilke (2003): Kriegskinder. Das Schicksal einer Generation. München: List.

Meyer, Sibylle & Schulze, Eva (1986): Krieg im Frieden. Veränderungen des Geschlechterverhältnisses untersucht am Beispiel familiärer Konflikte nach 1945. In: Dalhoff, Jutta u.a. (Hrsg.) *Frauenmacht in der Geschichte. Beitrag des Historikerinnentreffens 1985 zur Frauengeschichtsforschung*. Düsseldorf: Schwann. S.184-193.

Miller, Alice (1979): Das Drama des begabten Kindes und die Suche nach dem wahren Selbst. Frankfurt a. M.

Mitscherlich, A.; Mitscherlich, M. (1967): *Die Unfähigkeit zu Trauern*. München.

Müller-Hohagen, Jürgen (1988): *Verleugnet, verdrängt, verschwiegen*. München.

Nave-Herz, Rosemarie (2002): *Kontinuität und Wandel der Familien in Deutschland. Eine zeitgeschichtliche Analyse*. Stuttgart.

Nyssen, Elke u.a. (1986): Frauenbild, Frauenrealität und Frauenerfahrung in den 50er Jahren: Bericht über ein historisches Frauenforschungsprojekt. In: Dalhoff, Jutta u.a. (Hrsg.): *Frauenmacht in der Geschichte. Beitrag des Historikerinnentreffens 1985 zur Frauengeschichtsforschung.* Düsseldorf: Schwann. S.134-147.

Pfeil, Elisabeth (1968): *Die 23jährigen. Eine Generationenuntersuchung am Geburtsjahrgang 1941.* Tübingen.

Plato, Alexander von & Leh, Almut (1997): „Ein unglaublicher Frühling". Erfahrene Geschichte im Nachkriegsdeutschland; 1945-1948. Bonn.

Preuss-Lausitz, Ulf u.a. (Hrsg.) (1995): *Kriegskinder, Konsumkinder, Krisenkinder. Zur Sozialisationsgeschichte seit dem Zweiten Weltkrieg.* Weinheim, Basel: Beltz.

Radebold, Hartmut (2000): Abwesende Väter. Folgen der Kriegskindheit in Pychoanalysen. Göttingen.

Radebold, Hartmut (2003): Kriegsbeschädigte Kindheiten: die Geburtsjahrgänge 1930-32 bis 1945-48. In: *Psychosozial*, 26, (2), S.9-15.

Schelsky, Helmut (1953): *Wandlungen der deutschen Familie in der Gegenwart. Darstellung und Deutung einer empirisch-soziologischen Tatbestandsaufnahme.* Dortmund.

Schelsky, Helmut (1963): Die skeptische Generation. Eine Soziologie der deutschen Jugend. Düsseldorf [u.a.].

Schubert, Inge (2005): *Die schwierige Loslösung von Eltern und Kindern. Brüche und Bindung zwischen den Generationen seit dem Krieg.* Frankfurt a. M., New York.

Schulz, Hermann & Radebold, Hartmut & Reulecke, Jürgen (2005): *Söhne ohne Väter. Erfahrungen der Kriegskindergeneration*. Bonn.

Schütze, Yvonne & Geulen, Dieter (1991): Die „Nachkriegskinder" und die „Konsumkinder": Kindheitsverläufe zweier Generationen. In: Preuss-Lausitz, Ulf u.a. (Hrsg.) *Kriegskinder, Konsumkinder, Krisenkinder. Zur Sozialisationsgeschichte seit dem Zweiten Weltkrieg*. Weinheim, Basel: Beltz. S.29-53.

Strohmeier, Klaus Peter/Schultz, Annett (2005): Familienpolitik. Wandel der Familie und sozialer Wandel als Herausforderungen der Familienpolitik. Expertise zu Händen des Ministeriums für Gesundheit, Soziales, Frauen und Familie des Landes Nordrhein-Westfalen.

Thurnwald, Hilde (1948): Gegenwartsprobleme Berliner Familien. Eine soziologische Untersuchung an 498 Familien. Berlin.

Wurzbacher, Gerhard (1958): Leitbilder gegenwärtigen deutschen Familienlebens. Untersuchung an den 45 Dörfern und Weilern einer westdeutschen ländlichen Gemeinde. Stuttgart.

Wurzbacher, Gerhard (Hrsg.) (1961): Gruppe, Führung, Gesellschaft. Begriffskritik und Strukturanalysen am Beispiel der Christlichen Pfadfinderschaft Deutschlands. München.